W0189232

Steffen Raßloff

Das Dritte Reich

Titelbild: Heinrich Vogeler: Das Dritte Reich, Gouache, 1934, Puschkin-Museum, Moskau.
Foto: Wikipedia

4. Umschlagseite: 1. Mai 1945: Soldaten hissen die sowjetische Fahne auf dem Reichstag.
Foto: ullstein bild 1008194226

Dr. Steffen Raßloff arbeitet als Historiker und Publizist in Erfurt. Er hat zahlreiche Publikationen zur Geschichte Thüringens und Mitteldeutschlands sowie zur Zeit des Nationalsozialismus veröffentlicht.

Diese Veröffentlichung stellt keine Meinungsäußerung der Landeszentrale für politische Bildung Thüringen dar. Für inhaltliche Aussagen trägt der Autor die Verantwortung.

Landeszentrale für politische Bildung Thüringen
Regierungsstraße 73, 99084 Erfurt
www.lzt-thueringen.de
2017

ISBN: 978-3-946939-12-2

Inhaltsverzeichnis

Aufstieg des Nationalsozialismus bis 1933

Das Dritte Reich stellt einen Höhepunkt im „Zeitalter der Extreme" dar, wie der Historiker Eric Hobsbawm das 20. Jahrhundert genannt hat. Am Beginn dieses Jahrhunderts der Kriege, Bürgerkriege und Diktaturen stand der Erste Weltkrieg 1914–1918. In jener „Urkatastrophe" (George F. Kennan) wurzeln viele der weiteren historischen Entwicklungen. Das „alte Europa" ging in den Verheerungen des modernen Massenkrieges unter. Die dem Verlierer Deutschland und seinen Verbündeten diktierten Pariser Friedensverträge 1919 mit Gebietsabtretungen, Verlust der Kolonien, Reparationsforderungen, Entmilitarisierung usw. trugen bereits die Keime eines neuen Revanchekrieges in sich. Für das Deutsche Kaiserreich, vor 1914 eine prosperierende Industrienation mit Weltmachtanspruch, war die „Fallhöhe" besonders groß.

Die Demokratien, die zunächst im Nachkriegseuropa dominierten, wurden von linken und rechten Extremismen bedrängt. Deren totalitäre Ideologien (Kommunismus bzw. Bolschewismus, Faschismus bzw. Nationalsozialismus) sollten die Krise der kapitalistischen Massengesellschaft und des „liberalen Systems" überwinden. Jene angestrebte „Versöhnung mit der Moderne" (Gunther Mai) war in bislang unbekanntem Maße mit Gewalt verbunden. Seit der russischen Oktoberrevolution der Bolschewiki unter Führung Wladimir Iljitsch Lenins 1917 existierte erstmals eine kommunistische Diktatur, seit der Machtübernahme der „Schwarzhemden" Benito Mussolinis in Italien 1922 ein faschistisches Regime. Ab 1926 entstanden in den meisten Ländern Süd-, Mittel- und Osteuropas rechtsdiktatorische Staatswesen, während sich die Demokratien West- und Nordeuropas behaupten konnten.

Michaelis / Wikipedia

Massendemonstration gegen die Annahme der Friedensbedingungen des Versailler Vertrages vor dem Berliner Reichstag, 1919.

In Deutschland hatte das Kriegsende 1918 auch das Ende der Monarchie gebracht. Am 9. November 1918 wurde in Berlin die Republik ausgerufen, wurde aus dem Kaiserreich der Hohenzollern die Weimarer Republik. Die extreme Rechte lehnte die neue Demokratie, getragen von gemäßigter Arbeiterbewegung und liberalem Bürgertum, hasserfüllt ab. Sie hielt an dem im Krieg radikalisierten Nationalismus fest, wobei die Niederlage des Heeres durch den „Dolchstoß" aus der von Linken, Demokraten und Juden unterwanderten Heimatfront erklärt wurde. Die Exponenten der Republik wurden als „Novemberverbrecher" verfemt und bis hin zu politischen Morden verfolgt, etwa an Finanzminister Matthias Erzberger (1921) und Außenminister Walther Rathenau (1922).

Zur stärksten Kraft im anfangs breit gefächerten Spektrum der Rechten wurde die 1919 in München gegründete Deutsche Arbeiterpartei, 1920 umbenannt in Nationalsozialistische Deutsche Arbeiterpartei (NSDAP). 1921 konnte sich der Weltkriegsgefreite Adolf Hitler (1889–1945) als „Führer" mit diktatorischer Machtfülle an deren Spitze stellen. Der Österreicher Hitler stammte aus kleinbürgerlichen Verhältnissen. Geboren in Braunau am Inn als Sohn eines Zollbeamten, hatte er sich vor dem Ersten Weltkrieg vergeblich an der Kunstakademie in Wien beworben. Er lebte zeitweise im Obdachlosenheim und schlug sich mit dem Malen von Postkarten durch. Das deutschnational-antisemitische Milieu der Hauptstadt des habsburgischen Vielvölkerstaates Österreich-Ungarn prägte den jungen Mann. 1913 nach München umgezogen, meldete sich Hitler bei Kriegsbeginn freiwillig ins deutsche Heer. Nach der Niederlage 1918 begann in München der Aufstieg in der rechtsextremen Szene, der sich vor allem seinem rednerischen Talent und populistischen Gespür verdankte.

Die NS-Ideologie griff gängige Ideen der völkischen Szene seit dem späten 19. Jahrhundert auf. Sie flossen in Hitlers

ullstein bild – Roger-Viollet / Albert Harlingue, 40081207

Adolf Hitler (1889–1945) spricht zum Wahlkampf. Hinter ihm: Goebbels und Graf Helldorf.

„Weltbild" zusammen, das schon in seiner Schrift „Mein Kampf" (1925/27) in den Grundzügen formuliert wurde. Zentrale Elemente waren die Utopie einer rassisch einheitlichen „Volksgemeinschaft", „germanische Demokratie" mit persönlichem „Führertum", Weltgeschichte als ständiger Kampf der Rassen bei Überlegenheit der arischen, nordisch-germanischen Rasse, rassischer Antisemitismus. Über die Revision des Versailler Vertrages hinaus sollte sich das deutsche „Volk ohne Raum" (Hans Grimm) neue Siedlungsgebiete im Osten erkämpfen. Hinzu kam die Frontstellung zur linken Arbeiterbewegung mit Antimarxismus bzw. Antibolschewismus sowie ein entschiedener Antiparlamentarismus. All dies waren keine eigenständigen Ideen Hitlers und der Nationalsozialisten, die ihre diffuse Ideologie nicht in ein schlüssiges Denkgebäude fassten. Auch der Begriff vom erstrebten tausendjährigen „Dritten Reich" nach altem Kaiserreich und Bismarcks Reich von 1871 entstammte einem Buchtitel Arthur Moeller van den Brucks, Vordenker der „konservativen Revolution".

Bundesarchiv, Bild 146-1978-004-12A
Versammlung der NSDAP im Bürgerbräukeller, München, ca. 1923.

Die politische und wirtschaftlich-soziale Krise der Nach-kriegszeit, gipfelnd in rechten und linken Putschversuchen sowie der Hochinflation vom Herbst 1923, bescherte der NSDAP beachtliche Anfangserfolge. Der gescheiterte Münch-ner „Hitler-Putsch" vom 9. November 1923 führte dann aller-dings zu einem Rückschlag. Zudem folgte eine mehrjährige Erholungsphase 1924–1929, die „Goldenen Zwanziger". Sie schien die Republik unter dem prägenden Einfluss des Kanz-lers und Außenministers Gustav Stresemann zu festigen. Bei der Reichstagswahl 1928 erreichte die NSDAP nur 2,6 % der Stimmen. Allerdings konnte sich die demokratische Staats-form nicht nachhaltig etablieren. Das sozialistische Lager der Arbeiterparteien und das bürgerlich-nationale Lager mit fes-ter Verankerung in den jeweiligen Milieus standen sich unver-söhnlich gegenüber. Zugleich setzte eine Erosion der Parteien-landschaft mit vielen neuen Interessen- und Splitterparteien ein, die das Regieren auf nationaler und regionaler Ebene im-mer schwieriger machten.

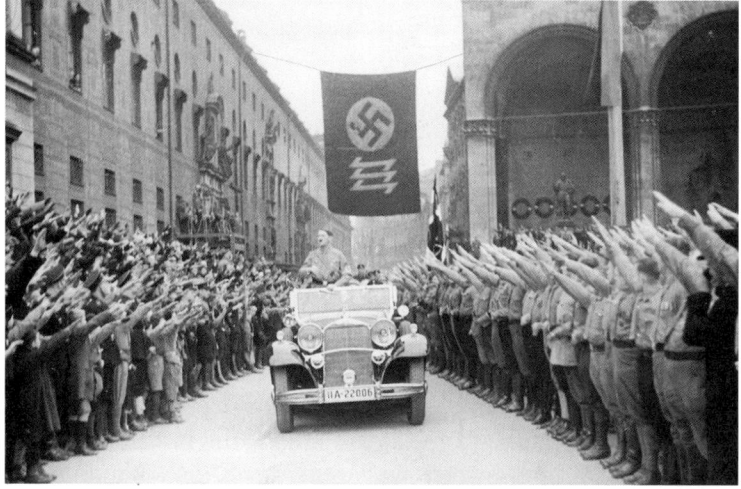

ullstein bild – Süddeutsche Zeitung Photo / Scherl, 6901527932
Gedenkveranstaltung zum „Hitler-Putsch" in München am 9.11.1923.

ullstein bild – Süddeutsche Zeitung Photo/Scherl, 6901510747

Adolf Hitler bei einem Treffen mit seinen ‚Alten Kämpfern' im Münchener Hofbräuhaus am 24. Februar 1929.

Der Durchbruch der NSDAP zur Massenpartei erfolgte mit Beginn der in den USA ausgelösten Weltwirtschaftskrise Ende 1929. Schon im September 1930 war die Partei mit 18,3 % die zweitstärkste Fraktion im Reichstag nach der SPD. Auf dem Höhepunkt der Krise mit sechs Millionen Arbeitslosen und bürgerkriegsähnlichen Auseinandersetzungen wurde sie im Juli 1932 mit 37,4 % zur mit Abstand stärksten Partei. Schon 1932 konnte sie die Landesregierungen in Anhalt, Oldenburg, Mecklenburg-Schwerin und Thüringen übernehmen. Die junge, dynamische Massenpartei mit ihren modernen Propaganda- und Wahlkampfmethoden hatte eine Volksbewegung entfesselt, für die sie als „letzte Rettung" und Hitler als „nationaler Messias" erschien. In einer tief ausgeprägten Krisenstimmung der industriell-urbanen Moderne traten große Bevölkerungsteile, insbesondere der bürgerliche Mittelstand, eine förmliche Flucht in die „nationale Volksgemeinschaft" des charismatischen „Führers" an.

Aufbau und Formierung der NS-Diktatur 1933–1935

Nachdem Reichspräsident Paul von Hindenburg bereits seit 1930 „halbdemokratische" Präsidialregierungen auf Grundlage des Notverordnungsrechtes der Weimarer Verfassung (Artikel 48) berufen hatte, erfolgte am 30. Januar 1933 die Ernennung Adolf Hitlers zum Reichskanzler. Konservative Kreise um den Ex-Kanzler Franz von Papen hatten Hindenburg zu diesem Schritt veranlasst. Es war ihr Ziel, die Nationalsozialisten in der Regierungsverantwortung zu „verschleißen" sowie sie durch starke konservative Kräfte „einzurahmen". Tatsächlich gehörten zur neuen Regierung der „nationalen Konzentration" neben Hitler mit Innenminister Wilhelm Frick und dem späteren „Reichsmarschall" Hermann Göring als Minister ohne Geschäftsbereich nur zwei weitere Nationalsozialisten. Einigkeit bestand in der Frontstellung gegen die politische Linke und den Parlamentarismus, die die alten Eliten mit Hilfe der rechten Massenbewegung zu verdrängen hofften. „Wir haben ihn uns engagiert", so tönte Vizekanzler Papen. „In zwei Monaten haben wir Hitler in die Ecke gedrückt, dass er quietscht."

Es sollte sich jedoch rasch herausstellen, dass Papens „Zähmungskonzept" nicht aufging. Vielmehr bildete der 30. Januar 1933 den Beginn der „Machtergreifung" Hitlers und der NSDAP. Für die sofort verkündeten Reichstagswahlen am 5. März 1933 lief nunmehr mit staatlicher Unterstützung die Wahlkampfmaschinerie der NSDAP erneut an. Der politische Gegner auf der Linken, vor allem Kommunisten, Sozialdemokraten und Gewerkschafter, wurde unterdrückt und benachteiligt.

Einen entscheidenden Schritt hin zur NS-Diktatur bildete die „Reichstagsbrandverordnung" vom 28. Februar 1933.

Nach dem Brand des Reichstagsgebäudes in Berlin, der den Kommunisten angelastet wurde, setzte jene „Verordnung zum Schutz von Volk und Staat" alle Grundrechte (persönliche Freiheit, Meinungs- und Pressefreiheit, Vereins- und Versammlungsfreiheit, Postgeheimnis usw.) außer Kraft. Politische Gegner konnten fortan ohne Gerichtsbeschluss in „Schutzhaft" genommen werden, wovon tausendfach Gebrauch gemacht wurde. Ohne die Verfassung der Weimarer Republik formal aufzuheben, bot die „Verfassungsurkunde" des Dritten Reiches (Ernst Fraenkel) die juristische Grundlage der NS-Gewaltherrschaft.

Trotz einer absoluten Mehrheit von NSDAP und Konservativen von 51,9 % bei den Reichstagswahlen strebte Hitler nun-

ullstein bild, 00016247

Marsch des Frontkämpferbundes „Stahlhelm" durch das Brandenburger Tor nach der Reichstagswahl, 1933.

Bundesarchiv, Bild 102-14439

Reichskanzler Adolf Hitler während seiner Rede über das Ermächtigungsgesetz im neuen Reichstag, Berlin, 23. März 1933.

mehr auch die Ausschaltung des parlamentarischen „Weimarer Systems" an. Das am 24. März 1933 vom Reichstag mit den Stimmen der NSDAP und der Bürgerparteien verabschiedete „Ermächtigungsgesetz" übertrug der Regierung die Gesetzgebungskompetenz. Im Juni wurde die SPD verboten (die KPD war seit Februar in den Untergrund abgedrängt), die übrigen Parteien lösten sich resigniert selbst auf. Am 14. Juli 1933 wurde per Gesetz der Einparteienstaat der NSDAP festgeschrieben.

Neben den Parteien galt es die großen unabhängigen Interessenvertretungen auszuschalten. Hierbei praktizierte die NSDAP eine erfolgreiche Zuckerbrot-und-Peitsche-Politik. So wurde der 1. Mai 1933 zum Feiertag erhoben und damit ein altes Ziel der sozialistischen Arbeiterbewegung erfüllt. Schon am Tag darauf erfolgte die Zerschlagung der Freien Gewerkschaften. Als neue Zwangsvereinigung diente fortan die Deutsche

Bundesarchiv, Bild 102-15690

Volksflugtag des NS-Geimeinschaft „Kraft durch Freude" in Berlin Tempel-hof, 1934.

Arbeitsfront (DAF). Sie vermittelte mit ihrem sozial- und kul-turpolitischen Angebot bis hin zu KdF- („Kraft durch Freude"-) Kreuzfahrten dem „kleinen Mann" das Gefühl, die Vision einer gerechten „Volksgemeinschaft" sei ernst gemeint.

Das Regime ging in jener Formierungsphase daran, seine Machtstellung auszubauen. Parteieinrichtungen und neue par-teinahe Institutionen traten neben die traditionellen Staats- und Gesellschaftsstrukturen, die mit Nationalsozialisten durchsetzt wurden. Dies sorgte in vielen Bereichen für Kom-petenzgerangel und Reibungsverluste, ohne die NS-Herrschaft zu gefährden. Die großen Massenorganisationen der NSDAP spielten ebenfalls eine wichtige Rolle. Jene „Gliederungen" und „angeschlossenen Verbände" erfassten über SA und SS hinaus als ideologische „Transmissionsriemen" die Menschen vieler Berufe, Interessenlagen und Altersgruppen (Hitlerju-

ullstein bild – Süddeutsche Zeitung Photo / Scherl, 6901535021

1934, erster Spatenstich für das „Gauforum" in Weimar, v.li.: Max Amann, Reichsinnenminister Wilhelm Frick, Gauleiter Fritz Sauckel, Adolf Hitler, Rudolf Heß.

gend, NS-Studentenbund, NS-Lehrerbund, NS-Ärztebund, NS-Beamtenbund, NS-Kraftfahr-Korps usw.).

Seit März 1933 erfolgte auch die schrittweise „Gleichschaltung" der Länder. Mit dem „Gesetz über den Neuaufbau des Reiches" vom 30. Januar 1934 wurden sie zu reinen Verwaltungseinheiten zurückgestuft. Damit kam den Gauen der NSDAP und ihren Gauleitern wachsendes Gewicht zu. Jene „Vizekönige" Hitlers konnten sich je nach politisch-administrativen Rahmenbedingungen und persönlicher Durchsetzungskraft eine beachtliche Machtstellung aufbauen. Der Thüringer Gauleiter und Reichsstatthalter Fritz Sauckel etwa profilierte sich zu Hitlers „Muster-Gauleiter". In Weimar entstand mit dem gigantischen „Gauforum" (Weimarplatz) eine NS-Machtzentrale, nach deren Vorbild alle deutschen Gauhauptstädte hätten umgebaut werden sollen. Sauckel zeichnete auch für den

Zwangsarbeitereinsatz im Zweiten Weltkrieg verantwortlich. Der 1942 ernannte Generalbevollmächtigte für den Arbeitseinsatz (GBA) wurde als „Hitlers Sklavenhalter" 1946 vom Nürnberger Militärtribunal zum Tode verurteilt.

Eine weitere wichtige Zäsur für die Stabilisierung des Dritten Reiches bildete der „Röhm-Putsch" 1934, als die gesamte Führung der SA (Sturmabteilung) um Stabschef Ernst Röhm ermordet wurde. Die SA war 1921 in der „Kampfzeit" der „Bewegung" als Saalschutz gegründet und zum paramilitärischen Wehrverband der NSDAP ausgebaut worden. Aus den Kreisen der „Braunhemden" wurde jetzt der Ruf nach einer weitergehenden sozialen Revolution laut, Röhm strebte in Konfrontation zur Reichswehr die Umwandlung der SA in eine Volksmiliz an. Die Mordaktion am 30. Juni 1934 entmachtete den letzten ernsthaften Konkurrenten Hitlers, die Reichswehr blieb „Waffenträger der Nation". Die 1925 gegründete SS (Schutzstaffel) rückte unter ihrem Reichsführer Heinrich Himmler als „schwarzer Orden" zur Elite des Dritten Reiches auf. Mit dem Tod Hindenburgs am 2. August 1934 und der Proklamation Hitlers zum „Führer und Reichskanzler" sowie der Vereidigung der Reichswehr auf seine Person war die Führerdiktatur weitgehend vollendet.

Diese auf den „Führer" zugeschnittene Diktatur wurde durch einen vor allem von Joseph Goebbels' Propagandaministerium verbreiteten Hitlermythos gestützt. Immer perfekter steuerte Goebbels durch Propagandakampagnen, Informationsmonopol, staatliche Kulturlenkung und theatralische Massenveranstaltungen wie die Nürnberger Reichsparteitage die öffentliche Meinung. Der absolute Kontroll- und Lenkungsanspruch kam besonders in den jungen Medien Rundfunk und Film zum Ausdruck. Stets wurde die neue nationale Volksgemeinschaft beschworen, aber auch der Anschein einer Versöhnung der jungen NS-Bewegung mit dem alten preußisch-konservativen Deutschland suggeriert. Hierfür steht der minutiös geplante „Tag von Potsdam" am 21. März 1933, der Zusammenkunft des neuen Reichstags in der Potsdamer

ullstein bild, 00070754

Hitler auf dem Weg zur Reichstagssitzung in der Kroll-Oper nach dem so-genannten Röhm-Putsch, 13. Juli 1934.

Garnisonkirche, mit der symbolischen Verneigung Hitlers vor dem kaiserlichen Generalfeldmarschall und Weltkriegs-Helden Hindenburg.

Von Beginn an schlug sich aber auch die aggressive NS-Rassenideologie, insbesondere der Antisemitismus, in der Politik des Dritten Reiches deutlich nieder. Der Antisemitismus der Nationalsozialisten unterschied sich von der traditionellen, eher religiös-kulturellen Judenfeindschaft durch seine starke Bezogenheit auf die Rasse, auf das „Blut". Hitler sah in den Juden ein „parasitäres" Volk, das auf Kosten seiner „Wirtsvölker", besonders der Deutschen lebe und gar in Form des „jüdischen Bolschewismus" die Weltherrschaft anstrebe. Daher müsse dieser „Bazillus" ausgemerzt werden.

Bundesarchiv, Bild 183-1982-0809-502
Reichsparteitag der NSDAP in Nürnberg, 1935.

Erste Maßnahmen waren der Boykott jüdischer Geschäfte vom 1. April 1933, das Herausdrängen der Juden aus dem öffentlichen Dienst und weitere alltagsweltliche Diskriminierungen. Mit den „Nürnberger Gesetzen" vom September 1935 wurden Juden zu Staatsbürgern zweiter Klasse degradiert, Eheschließungen und sexuelle Beziehungen mit Bürgern „deutschen und artverwandten Blutes" als „Rassenschande" verboten und unter Strafe gestellt.

Konsolidierung und Kriegsvorbereitung 1936–1939

Mit der Konsolidierung der Macht des Nationalsozialismus radikalisierte sich dessen zunächst noch recht vage Ideologie. Dies schlug sich besonders in der Verschärfung des Antisemitismus nieder. Mit der „Reichskristallnacht" vom 9. November 1938 fand die Gewalteskalation einen weiteren Höhepunkt. Hunderte Synagogen wurden niedergebrannt, tausende Menschen misshandelt und verschleppt, wobei etwa hundert ums Leben kamen. In der Folge wurden die Juden endgültig aus dem Wirtschaftsleben verdrängt („Arisierung") und zur Ausreise genötigt. Bis zum Auswanderungsverbot 1941 hatten rund 300.000 der ursprünglich 500.000 jüdischen Bürger Deutschland verlassen. Ähnlichen Verfolgungen ausgesetzt war auch die Volksgruppe der Sinti und Roma („Zigeuner").

Bis 1937 wurden die vielen teils provisorischen Konzentrationslager (KZ) unter Leitung der SS in ein System fest ausgebauter KZ umgewandelt, allen voran die drei Großlager Dachau bei München, Buchenwald bei Weimar und Sachsenhausen bei Berlin. Die Konzentrationslager bildeten ein zentrales Element im „SS-Staat" (Eugen Kogon), mit dem politisch, rassisch und sozial „minderwertige" Menschen von der „Volksgemeinschaft" isoliert, „umerzogen" oder vernichtet werden sollten. Im Krieg dienten viele Lager mit ihren tausenden von Häftlingen auch der Rüstungswirtschaft. Zugleich verfolgte SS-Reichsführer Heinrich Himmler als „Chef der deutschen Polizei" (1936) insbesondere mit der berüchtigten Geheimen Staatspolizei (Gestapo) jegliche Form von Widerspruch gegen das NS-Regime.

Andererseits gelang es dem Regime weiter, sich als moderner, sozial engagierter Volksstaat zu profilieren, der bei aller bleibenden Alltagskritik von einer Bevölkerungsmehrheit getragen wurde. Schon 1934 ging die Arbeitslosenzahl (auch dank allgemeiner Konjunkturbelebung) nominell um über 50 % zurück, 1938 herrschte (insbesondere wegen der Aufrüstung) praktisch Vollbeschäftigung – der „Führer" hatte in den Augen vieler Deutscher „Wort gehalten". Großprojekte, wie der bereits in der Weimarer Republik geplante Autobahnbau oder die Olympischen Spiele 1936 in Berlin verschafften erhebliche innen- und außenpolitische Prestigegewinne.

So hatte es der Widerstand gegen das NS-Regime bis in den Krieg hinein schwer, wirkliche Unterstützung zu finden. Der aktive linke, v. a. kommunistische Widerstand musste die meisten Opfer beklagen. Auch Vertreter der protestantischen Bekennenden Kirche wie Dietrich Bonhoeffer und anderer Konfessionen ließen für ihre Überzeugung das Leben. Gruppen wie die „Weiße Rose" um die Geschwister Hans und Sophie Scholl in München 1943 endeten ebenso wie der militärische Wider-

ullstein bild – Süddeutsche Zeitung Photo / Scherl, 6901525576
Arbeiter heben den rechten Arm zum Hitlergruß - einer nicht, Hamburg 1936.

ullstein bild, 01065055

Ausschreitungen gegen Juden und jüdische Einrichtungen während des Novemberpogroms. Die ausgebrannte Synagoge in Nürnberg, 10.11.1938.

stand um Claus Schenk Graf von Stauffenberg, Carl Goerdeler und Julius Leber durch braune Henker. Nicht nur dem Attentat auf Hitler vom 20. Juli 1944 durch die Gruppe um Stauffenberg blieb der Erfolg versagt, auch andere Versuche scheiterten, wie das Bombenattentat am 8. November 1939 im Münchner Bürgerbräukeller durch den Einzeltäter Georg Elser.

Durch die wachsende Popularität gestärkt, konnte Hitler ab Mitte der 1930er-Jahre auch an eine schrittweise Ausschaltung der alten Eliten herangehen. Über den rasanten Aufrüstungskurs, der nur noch durch spätere „Kriegsbeute" zu finanzieren war, kam es zum Bruch mit Reichsbankpräsident Hjalmar

Bundesarchiv, Bild 183-1983-0825-303

Stacheldrahtzaun und Wachturm des Konzentrationslagers Buchenwald, bei Weimar.

Schacht, der 1937 als Wirtschaftsminister abgelöst wurde. Auch aus Diplomatie und Militär kamen warnende Stimmen. Daher wurde 1938 Außenminister Konstantin von Neurath durch den überzeugten Nationalsozialisten Joachim von Ribbentrop ersetzt und in der inszenierten „Blomberg-Fritsch-Krise" Kriegsminister Werner von Blomberg und Heeres-Oberbefehlshaber Werner von Fritsch abgelöst. Hitler übernahm direkt die Befehlsgewalt und schuf sich mit dem Oberkommando der Wehrmacht (OKW) unter General Wilhelm Keitel eine für ihn zuverlässige Führungsspitze.

Die fortschreitende Konsolidierung der NS-Diktatur hatte eine wichtige Ursache in ihren außenpolitischen Erfolgen. Die von Hitler stets verkündete Revision der Versailler Friedensordnung von 1919 galt nahezu allen Deutschen als notwendig. Ein erster Erfolg fiel ihm im Januar 1935 mit der Abstimmung im vom Völkerbund verwalteten Saarland zu, wo sich über 90 % der Bevölkerung für die „Heimkehr ins Reich" entschieden. Zwei Monate später verkündete Hitler die Wiedereinführung der Wehrpflicht und den Aufbau einer starken Wehrmacht, worauf die Großmächte nur mit Protesten reagierten. Eine Intervention blieb auch aus, als die Wehrmacht im März 1936 in das laut Versailler Vertrag entmilitarisierte Rheinland einmarschierte.

Einen enormen Popularitätsschub für das Hitler-Regime brachte der Anschluss Österreichs und des Sudetenlandes an das Reich im März und September 1938. Mit dem „Großdeutschen Reich" einschließlich Österreichs, dem 1919 ein Anschluss von den Siegermächten verboten worden war, erfüllte sich ein alter nationaler Traum der Deutschen. Die Abtretung der Sudetengebiete von der Tschechoslowakei erfolgte unter Zustimmung Großbritanniens, Frankreichs und Italiens im Münchner Abkommen vom 29. September 1938. Der Erfolg dieser Maßnahmen wurzelte auch darin, dass Hitler „etwas bis zu einem gewissen Grad Verständliches auf unrechtmäßige Weise" (Klaus Hildebrand) tat und dabei immer seine Friedensliebe betonte. Zugleich sah man besonders in London

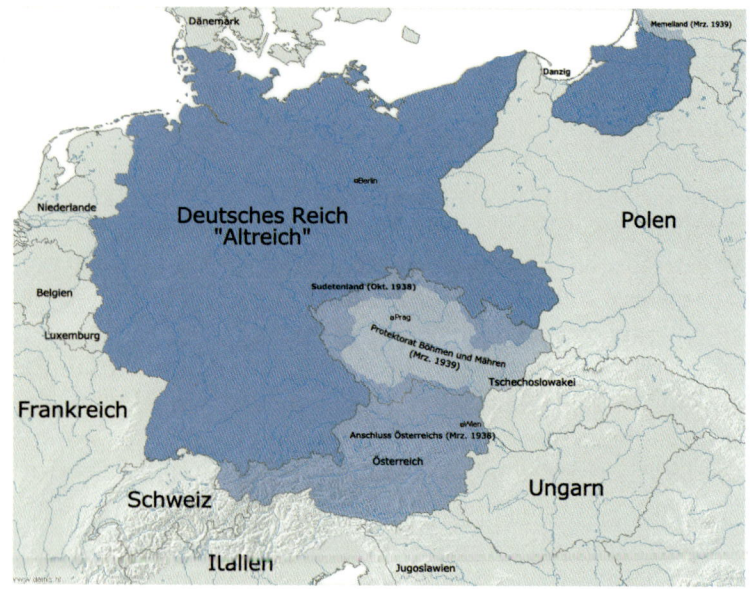

FJ-de / Wikipedia

Das „Großdeutsche Reich", 1939.

Deutschland als ein wichtiges Bollwerk gegen die kommunistische Sowjetunion.

Hatte das Dritte Reich bisher in seiner rasanten Expansionspolitik Territorien mit überwiegend deutscher Bevölkerung an sich gerissen, bildete die Zerschlagung der „Resttschechei" und deren Umwandlung in das „Protektorat Böhmen und Mähren" im März 1939 jedoch eindeutig einen Akt gewaltsamer Unterwerfung. Jetzt erkannte man auch in Großbritannien, dass die Appeasement- (Beschwichtigungs-) Politik von Premier Neville Chamberlain gescheitert war, der um des Friedens willen Deutschland seine vermeintlich traditionelle Revisionspolitik hatte betreiben lassen. Unmissverständlich machte der Westen Hitler nunmehr klar, dass jeder weitere Überfall auf einen Nachbarn Krieg zur Folge haben werde. Untermauert wurde dies durch eine englisch-französische Garantieerklärung für Polen.

Zweiter Weltkrieg 1939–1945

Damit war der gezielte Kriegskurs des Dritten Reiches freilich nicht mehr zu stoppen. Schon am 3. Februar 1933 hatte Hitler gegenüber führenden Generälen die „Eroberung neuen Lebensraumes im Osten und dessen rücksichtslose Germanisierung" als Ziel seiner Außenpolitik genannt. Auch die von ihm insgeheim angestrebte Weltherrschaft und Vernichtung der Juden waren nur durch Krieg realisierbar. Hierzu hatte Hitler 1936/37 Italien und Japan („Achse Berlin-Rom-Tokio") als wichtigste Verbündete gewinnen können.

Bundesarchiv, Bild 183-H25094

Unterzeichnung des Dreimächtepaktes, Berlin 1940. Sitzend von rechts nach links: Adolf Hitler, Galeazzo Ciano (italienischer Außenminister), Saburu Kurusu (japanischer Botschafter).

Mit dem Überfall auf Polen am 1. September 1939 begann der Zweite Weltkrieg. Er gilt als größte Katastrophe der Menschheitsgeschichte mit bis zu 60 Millionen Todesopfern. Den Rücken im Osten hatte sich Deutschland zunächst durch den spektakulären „Hitler-Stalin-Pakt" vom 23. August 1939 freigehalten, in dem die Aufteilung Polens zwischen Deutschland und der Sowjetunion in einem geheimen Zusatzprotokoll festgelegt wurde. Trotz formeller Kriegserklärung griffen Großbritannien und Frankreich praktisch nicht ein und schon am 28. September musste Polen kapitulieren. Der Besetzung Dänemarks und Norwegens im Frühjahr 1940 folgte der „Westfeldzug" vom 10. Mai bis 22. Juni 1940, der mit der Kapitulation Frankreichs endete. Die Siege der „Blitzkrieg"-Phase führten Hitler auf den Höhepunkt seiner Popularität in Deutschland

ullstein bild – Granger, NYC, 30040216

Pearl Harbor nach dem japanischen Angriff am 7. Dezember 1941.

(„Größter Feldherr aller Zeiten") und trugen der Wehrmacht den Ruf der Unbesiegbarkeit ein.

Allerdings gelang es anschließend nicht, Großbritannien in der erbitterten „Luftschlacht um England" („Battle of Britain") in die Knie zu zwingen. Auch musste Deutschland seinem Bündnispartner Italien in Nordafrika und auf dem Balkan zu Hilfe eilen. Mit dem Überfall auf die Sowjetunion am 22. Juni 1941 („Fall Barbarossa") begann der rassistische Eroberungs- und Vernichtungskrieg im Osten. Trotz großer Anfangserfolge bekam die Wehrmacht in den Weiten Russlands bald Probleme. Deutlich zeichnete sich die Kriegswende spätestens nach der Schlacht um Stalingrad im Winter 1942/43 ab, als die 6. Armee unter General Friedrich Paulus vernichtet wurde. Auch der von Goebbels am 18. Februar 1943 in seiner Berliner Sportpalastrede ausgerufene „totale Krieg" oder die U-Boot-Waffe konnten die strategische Unterlegenheit der „Achsenmächte" nicht mehr kompensieren. Zudem befand sich Deutschland seit dem japanischen Angriff auf den Flottenstützpunkt Pearl Harbor im Dezember 1941 auch im Krieg mit den USA.

Die Alliierten USA, Großbritannien und Sowjetunion eroberten, beschleunigt durch die Eröffnung der „zweiten Front" in Frankreich am 6. Juni 1944, die deutsche „Festung Europa". Rund 600.000 Deutsche verloren, nachdem die deutsche Luftwaffe zuvor rücksichtslos gegnerische Städte bombardiert hatte, bei den seit 1943 massiv verstärkten angloamerikanischen Luftangriffen ihr Leben. Symbolisch hierfür steht das barocke „Elbflorenz" Dresden, das vom 13. bis 15. Februar 1945 in Schutt und Asche versank. Bemühungen, die aus der Luft gefährdete Rüstung untertage aufrecht zu erhalten, kosteten hunderttausenden Zwangsarbeitern und Häftlingen das Leben. Am bekanntesten ist die Verlagerung der V2-Raketenproduktion von Peenemünde auf der Insel Usedom in Stollen bei Nordhausen mit dem eigens hierfür errichteten KZ Mittelbau-Dora 1943/45. Mit „Wunderwaffen" wie der V2 („Vergeltungswaffe") sollte der Glaube an den „Endsieg" aufrechterhalten werden.

Alle verzweifelten Mobilisierungsversuche schoben die Niederlage aber nur um einen hohen Preis hinaus, zumal die Intensität des Krieges noch einmal dramatisch zunahm. Mehr als die Hälfte der 3,2 Millionen gefallenen deutschen Soldaten etwa verlor in den letzten zehn Kriegsmonaten ihr Leben. Begleitet war die Schlussphase des NS-Regimes auch von schweren Ausschreitungen vor allem der Sowjetarmee gegen die deutsche Zivilbevölkerung. Die Flucht und Vertreibung von ca. 14 Millionen Deutschen aus Mittel-, Ost- und Südosteuropa setzte sich über das Kriegsende hinaus unter Akzeptanz der Alliierten ebenfalls mit teils erheblicher Brutalität fort. Bis zu zwei Millionen Deutsche verloren hierbei ihr Leben. Am 8. Mai 1945 kapitulierte die Wehrmacht bedingungslos, Hitler hatte bereits am 30. April im Bunker der Berliner Reichskanzlei Selbstmord begangen.

Der Weltkrieg brachte auch einen letzten Radikalisierungsschub bei der Umsetzung der ideologischen Ziele des Dritten Reiches. Ein beispielloses Verbrechen stellt der Holocaust

Bundesarchiv, B 145 Bild-P054320

Blick über den Pariser Platz auf das Brandenburger Tor, Berlin, Anfang Juni 1945.

bzw. die Shoa dar, die systematische Vernichtung der europäischen Juden. Nach verschiedenen Überlegungen, u. a. einer gigantischen Umsiedlungsaktion nach Madagaskar, beauftragte Hermann Göring am 31. Juli 1941 SS-Obergruppenführer Reinhard Heydrich mit der „Endlösung der Judenfrage". Auf der Wannseekonferenz am 20. Januar 1942 wurde die Umsetzung zwischen SS und beteiligten Reichsbehörden abgestimmt. In Ghettos, bei Erschießungsaktionen und der industriellen Vernichtung in den Konzentrationslagern des Ostens (Auschwitz, Belzec, Chelmno, Sobibor, Treblinka) kamen rund sechs Millionen Juden ums Leben. Dieses Schicksal teilten rund 200.000 Sinti und Roma.

Millionen Menschen besonders in Polen und der Sowjetunion, die die Nationalsozialisten als slawische „Untermen-

Yad Vashem / Wikipedia

Ein Deportationszug ungarischer Juden erreicht Auschwitz im Mai 1944, am rechten Bildrand das Südende des „Zigeunerlagers".

schen" ansahen, fielen ebenfalls der Besatzungsherrschaft zum Opfer. Auf bis zu 14 Millionen wird letztlich die Gesamtzahl der Toten außerhalb von Kampfhandlungen im deutschen Machtbereich geschätzt, darunter auch 2,8 Millionen sowjetische Kriegsgefangene. In Polen hatte man schon 1939 gezielt die Eliten des Landes auszulöschen versucht. Zunächst im polnischen „Generalgouvernement", dann in den eroberten Gebieten der Sowjetunion sollte ein landwirtschaftlich geprägtes Kolonialreich entstehen. Dort hatten die überlebenden Einwohner als Arbeitskräfte den deutschen „Herrenmenschen" zu dienen. Der „Rassenhygiene" am deutschen „Volkskörper" fielen rund 150.000 behinderte Menschen und andere „Ballastexistenzen" zum Opfer (Euthanasie), zugleich wurden ca. 350.000 Menschen wegen Erbkrankheiten sterilisiert. Tausende Deutsche zahlten für ihre kritische Haltung gegenüber dem NS-Regime, für „Wehrkraftzersetzung" oder Hören von „Feindsendern" mit dem Leben.

Forschung und Erinnerungskultur

Das Dritte Reich bildet die heute wohl am besten erforschte Epoche der deutschen Geschichte. Dabei spielte zunächst das unmittelbare Entsetzen über den „Irrweg einer Nation" (Alexander Abusch), über „Die deutsche Katastrophe" (Friedrich Meinecke) eine zentrale Rolle. Man suchte nach den historischen Wurzeln des Nationalsozialismus und konstruierte einen teils weit zurückreichenden „deutschen Sonderweg", der vom westlich-demokratischen Normalfall abgewichen sei. Spuren für die Vorgeschichte von NS-Diktatur und Holocaust sah man bis hin zum Preußen Friedrichs des Großen oder judenfeindlichen Äußerungen des Reformators Martin Luther. Diese Sicht hat sich allerdings als „wenig substanziell" (Ulrich Herbert) erwiesen.

Die marxistische Theorie definierte „Faschismus" als „terroristische Diktatur der am meisten reaktionären, chauvinistischen und imperialistischen Elemente des Finanzkapitals" (Georgi Dimitroff). Westliche Historiker betonten den Charakter des Dritten Reiches als moderne totalitäre Diktatur. Ähnlich wie die Sowjetunion als „linkes Gegenstück" erfüllte es Kriterien wie eine durch Personenkult überhöhte autoritäre Führerpersönlichkeit, Machtmittel wie terroristische Geheimpolizei, Nachrichtenmonopol und Einparteienstaat, eine absolute Geltung beanspruchende Ideologie, totale Erfassung der Bevölkerung, bis zum Massenmord reichende Ausgrenzung ganzer Bevölkerungsgruppen.

Allerdings ist das Totalitarismus-Modell (Carl J. Friedrich, Hannah Arendt) nicht unumstritten geblieben. So bringt es die dynamischen Wandlungen der NS-Diktatur von der „Machtergreifung" bis hin zur Radikalisierung im Zweiten Weltkrieg nicht deutlich genug zum Ausdruck. Zugleich hat man zeigen können, dass das Dritte Reich in Ideologie und Machtausübung keineswegs einen homogenen Block darstellte. Mit dem Begriff der „Polykratie" wurde auf die vielen konkurrierenden Machtgruppen im NS-Staat hingewiesen, der letztlich nur im „Führer" eine unumstrittene Spitze besaß.

Norbert Frei hat dieses vom „Führer"-Mythos überwölbte Herrschaftssystem mit dem Begriff „Führerstaat" gekennzeichnet. Dennoch wird nicht nur in den großen Biographien (Joachim C. Fest, Allan Bullock, Ian Kershaw, Peter Longerich) die zweifellos wichtige Rolle Hitlers unterschiedlich bewertet. Auch die Kombination aus „Verführung und Gewalt" (Hans-Ulrich Thamer), die massenpsychologischen und sozialpolitischen Angebote der „nationalen Volksgemeinschaft" sind als wichtige Herrschaftselemente einer modernen „Konsensdikatur" betont worden. Einigkeit besteht bei allen seriösen Forschungsrichtungen über den Unrechtscharakter des Dritten Reiches mit seinen singulären Verbrechen, die in Weltkrieg und Völkermord gipfelten.

Unter den zahlreichen Gedenkorten und Museen zur Geschichte des Dritten Reiches ragen einige heraus. Den Opfern gewidmet sind große Gedenkstätten wie in den ehemaligen Konzentrationslagern Sachsenhausen, Buchenwald und Dachau, aber auch in vielen kleineren Lagern, Gefängnissen, Euthanasie-Anstalten usw. Das gilt auch für Stätten des Widerstandes, wie den Bendlerblock in Berlin, wo die Hitler-Attentäter um Stauffenberg erschossen wurden und heute die zentrale „Gedenkstätte Deutscher Widerstand" angesiedelt ist. Den Tätern widmet sich der Erinnerungsort „Topographie des Terrors" in der ehemaligen Zentrale von Gestapo, SS und Reichssicherheitshauptamt in Berlin. Die Verstrickung von Wirtschaft und Gesellschaft in die NS-Verbrechen wird u. a. im Erinnerungsort „Topf & Söhne" in Erfurt plastisch sichtbar, wo man die Krematorien für Auschwitz und andere KZ gebaut hatte. Nicht zuletzt mit dem Denkmal für die ermordeten Juden Europas in Berlin hat sich die Bundesrepublik Deutschland klar zu ihrer historischen Verantwortung bekannt.

LZT

Denkmal für die ermordeten Juden Europas, Berlin.

Schwierig gestaltet sich bisweilen der Umgang mit „sperrigen" Erinnerungsorten vom riesigen KdF-Erholungsheim Prora auf Rügen über das Nürnberger Reichsparteitagsgelände und Weimarer „Gauforum" bis hin zu „Hitlers Sommerresidenz" auf dem Obersalzberg bei Berchtesgaden. Aber auch hier konnte in vielen Fällen neben pragmatischen Lösungen eine erinnerungskulturelle Aufarbeitung erreicht werden. Das Thema wird schließlich vom Deutschen Historischen Museum in Berlin bis hin zu vielen regionalen Geschichts- und Spezialmuseen dargestellt, findet in der politischen Bildung und in den Medien breiten Widerhall.

Chris Baier (chrisglub), http://www.chrsibaier.com/Wikipedia

Dokumentationszentrum Reichsparteitagsgelände in Nürnberg, 2006 eröffnet.

Literatur

Kurt Bauer: Nationalsozialismus. Ursprünge, Anfänge, Aufstieg und Fall. Wien u. a. 2008.

Wolfgang Benz: Geschichte des Dritten Reiches. München 2000.

Norbert Frei: Der Führerstaat. Nationalsozialistische Herrschaft 1933 bis 1945. München [8]2007.

Michael Grüttner: Das Dritte Reich. 1933-1939. Stuttgart 2014.

Ulrich Herbert: Das Dritte Reich. Geschichte einer Diktatur. München [2]2016

Klaus Hildebrand: Das Dritte Reich. München [7]2010.

Steffen Raßloff: Der „Mustergau". Thüringen zur Zeit des Nationalsozialismus. München 2015.

Hans-Ulrich Thamer: Verführung und Gewalt. Deutschland 1933-1945. Berlin 1986.

Michael Wildt: Geschichte des Nationalsozialismus. Göttingen 2008.